BEDFORD

folio

CW00689676

Traduit de l'anglais par Christine Mayer

Maquette de Karine Benoit

ISBN : 2-07-050775-0
Titre original : *Tusk Tusk*
Publié par Andersen Press Ltd.
© David McKee, 1978, pour le texte et les illustrations
© Éditions Gallimard Jeunesse, 1981, pour la traduction française,
1997, pour la présente édition
Numéro d'édition : 80069
Loi n° 49-956 du 16 juillet 1949
sur les publications destinées à la jeunesse
Dépôt légal : février 1997
© Christiane Schneider und Tabu Verlag Gmbh, München
pour le design de la couverture
Imprimé en Italie par la Editoriale Libraria

Gallimard Jeunesse

Noirs et blancs

David McKee

folio . benjamin

Il y a longtemps déjà,
les éléphants du monde entier
étaient noirs ou blancs.

Ils aimaient tous les autres
animaux.

Mais entre eux ils se haïssaient,

et chaque clan vivait

dans un coin de la jungle.

Un jour les éléphants noirs
décidèrent de tuer
tous les éléphants blancs

et les éléphants blancs
décidèrent de tuer
tous les éléphants noirs.

Tous les éléphants
qui ne voulaient pas la guerre
s'en allèrent loin dans la jungle,

et on ne les revit jamais.

La bataille commença.

Elle dura…

longtemps…

longtemps…

Jusqu'au moment où il ne resta

plus un seul éléphant vivant.

Pendant des années,

on ne vit plus d'éléphants
sur la Terre.

Puis un jour, les petits-enfants
des éléphants blancs
ou des éléphants noirs

qui n'avaient pas voulu la guerre
sortirent de la jungle.
Ils étaient gris.

Longtemps les éléphants gris

vécurent en paix.

Mais, depuis peu, les éléphants
qui ont de grandes oreilles
et les éléphants

qui ont de petites oreilles
se regardent de façon étrange…

FIN

L'auteur

Si l'on demande à **David McKee** de parler de lui-même, voici ce qu'il répond : «On pourrait dire de David McKee qu'il est moyen : poids moyen, taille moyenne, couleur de cheveux moyenne, pointure moyenne, etc. Ses dents en revanche sont en-dessous de la moyenne, soit parce qu'il a mangé trop de sucreries, soit parce qu'il se lave trop souvent les dents». Il affirme être devenu auteur illustrateur pour ne pas «travailler», et il est pourtant à la tête d'une œuvre considérable : plus d'une centaine de livres depuis 1964, des dessins animés, (tel le célèbre roi Rollo, également en livres) et de nombreuses illustrations.

Il a commencé sa vie comme humoriste-caricaturiste au magazine anglais *Punch*, et depuis il n'a cessé d'être le chroniqueur spirituel, acéré mais affectueux, des mœurs et des travers de notre société, malgré ses fonctions de producteur de films : le roi Rollo a en effet donné naissance à une vraie société de production, très réputée pour la qualité de ses films pour enfants.

Cette société, qui s'appelle King Rollo, fait beaucoup de dessins animés qui sont vendus dans le monde entier. Mais David McKee continue bien sûr à écrire et à illustrer des histoires.

Il aime autant écrire que dessiner. Aujourd'hui, il a une vie très occupée, qu'il partage entre Barcelone et Londres, trois enfants déjà grands, et sa société de production.

Si tu as aimé ce livre, voici d'autres titres
de la collection *folio benjamin* adaptés à ton âge

Janet et Allan Ahlberg La famille Petitplats / La famille Robinet /
La famille Tapedur / La famille Lessive / Le livre de tous les écoliers
Martha Alexander Comment j'ai capturé un monstre
Henriette Bichonnier / Pef Le monstre poilu / Pincemi, Pincemoi et la sorcière /
Le roi des bons
Lenore Blegvad / Erik Blegvad Anna Banana
Ken Brown Pourquoi pas moi ?
Ruth Brown Pique-Nique / J'ai descendu dans mon jardin
Jean Claverie La batterie de Théophile
Babette Cole La princesse Finemouche / J'ai un problème avec ma mère
Roald Dahl / Quentin Blake L'énorme crocodile
Joyce Dunbar / Susan Varley Attends donc le printemps!
Heather Eyles / Tony Ross Je ne veux pas m'habiller!
Marie Farré / Amato Soro Devine qui vient goûter
Wilson Gage / Marilyn Hafner Mathilde et le fantôme / Mathilde et le corbeau /
Mathilde a des problèmes
Sylvie Gassot / Susan Varley Les bêtises du Petit Blaireau
Richard Graham / Susan Varley Ma vie avec le monstre
Helme Heine Le mariage de Cochonnet / Trois amis / Dix petites effrontées /
La perle / Drôle de nuit pour les trois amis / Le plus bel œuf du monde /
La promenade des trois amis
Susan Hellard Éléonore et la baby-sitter
HollyKeller Horace
Satoshi Kitamora La promenade de Julie / Capitaine Toby
Steven Kroll / Tomie de Paola Un drôle de Père Noël
Mercer Mayer Si j'avais un gorille… / Je suis un chasseur
David McKee Toucan Toublanc
Patricia C. McKissac / Rachel Isadora Rita et le renard
Colin McNaughton Fou de football / Tout à coup ! / Gros cochon / Les pirates
Kristy Parker / Lillian Hoban Super Papa
Pef Rendez-moi mes poux !
Tony Ross Adrien qui ne fait rien / Attends que je t'attrape! /
Boucle d'Or et les trois ours
Claire Schumacher Un écureuil a disparu
Grégoire Solotareff Théo et Balthazar chez l'oncle Michka /
Théo et Balthazar dans l'île du Père Noël
Susan Varley Au revoir Blaireau
Charlotte Voake Mon livre à moi
Rosemary Wells Chut, chut, Charlotte ! / Le sac à disparaître
John Yeoman / Quentin Blake Le chat ne sachant pas chasser